Die Reihe „Lernen am PC" kann praxisbezogen im aktuellen Unterricht fortlaufend eingesetzt werden. Der hilfreiche PC dient dazu als neues Medium, durch das die Schülerinnen und Schüler zweckmäßig das gerade Erlernte festigen und ihr Wissen vertiefen.

Die Hefte umfassen jeweils 20 Arbeitsblätter als Kopiervorlagen, die von den Schülerinnen und Schülern einzeln oder im Team gelöst werden können, mit methodisch-didaktischen Kommentaren. Ein kompaktes und sehr verständliches Schritt-für-Schritt-Technikkapitel nimmt auch dem noch so ungeübten PC-Anfänger die Hemmschwelle und macht den Einsatz des PCs im Unterricht kinderleicht.

In **Heft 1** wird das Thema **„Rechtschreiben mit Word"** behandelt. Word ist ein Programm, das sich – meistens – auf jedem Computer befindet. In diesem Heft wird nicht nur das Rechtschreiben durch zahlreiche Anleitungen für die Schülerinnen und Schüler groß geschrieben. Hierzu zählen u.a. auch das Erkennen und sofortige Korrigieren von Wörtern und der sichere Umgang mit dem ABC.

In Word nutzen Sie dazu die folgenden Software-Möglichkeiten: Rechtschreibhilfe – Unterstreichen – Markieren – Suchen nach – Ordnen nach dem ABC.

Die nachfolgenden Kopiervorlagen können ab Word 97 eingesetzt werden. Die Arbeit am PC wird hier nicht zum Selbstzweck, sondern ist jeweils eingebunden in kleine Unterrichtseinheiten mit herkömmlichen Übungsmethoden, die nach dem individuellen Bedarf der Klasse und im Hinblick auf die Anzahl der vorhandenen Computer erweitert werden können. Die Kopiervorlagen, die mit dem PC bearbeitet werden, sind entsprechend gekennzeichnet.

Zu den Arbeitsblättern

Individuelle, nicht einheitliche Lösungen oder solche, die auf Arbeitsanweisungen basieren, sind nicht aufgeführt.

1 ▶ Ordnen nach dem Abc (Teil 1)

Ziele
▷ Orientierungsübungen im Abc
▷ das Abc ergänzen
▷ Buchstabengruppen nach dem Abc ordnen, dabei einen überschüssigen Buchstaben aussortieren / einen fehlenden Buchstaben finden
▷ eine Geheimschrift lesen

Lösungen
1) A-Z
2) ABCD, MNOP, CDEF, TUVW
3) GHI (K), FGH (J), DEF (H), BCD (F)
4) DEFG, FGHI, LMNO, PQRS
5) WIR ORDNEN NACH DEM ALPHABET.

2 ▶ Ordnen nach dem Abc (Teil 2)

Ziele
▷ zu den Buchstaben des Abc Tiernamen suchen
▷ Wortgruppen nach dem Abc ordnen
▷ ein Abc-Spiel spielen

Lösungen
1) individuell
2) Obstsalat: Apfel, Birne, Kirsche, Pfirsich;
Banane, Orange, Pflaume, Zitrone;
Aprikose, Kiwi, Limone, Mandarine;
Apfelsine, Erdbeere, Melone, Traube;
Brombeere, Heidelbeere, Himbeere, Waldbeere
3) Bohnen, Erbsen, Gurken, Kohlrabi, Linsen,
Möhren, Paprika, Spinat, Tomaten, Weißkohl
4) individuell

3 ▶ Ordnen nach dem Abc (Teil 3)

Ziele
▷ Namen nach dem Abc ordnen
▷ die eigene Arbeit mit dem PC überprüfen
▷ eine eigene Wortliste mit dem PC sortieren

Lösungen
1) Anton, Fabia, Kai, Laura, Lena, Martin, Sandra, Tobi
2) individuell

4 ▶ Der Ausflug (Teil 1)

Ziele
▷ schwierige Wörter finden und markieren
▷ Verben vervollständigen
▷ Verben im Infinitiv und in der 3. Person Singular aufschreiben

Lösungen
1) individuell
2) informieren – Fabia informiert;
sehen – Fabia sieht;
rufen – Fabia ruft;
ziehen – Fabia zieht;
gehen – Fabia geht;
besuchen – Fabia besucht;
wollen – Fabia will;
können – Fabia kann;
sich interessieren – Fabia interessiert sich;
geben – Fabia gibt;
beschließen – Fabia beschließt;
treffen – Fabia trifft;
machen – Fabia macht;
überlegen – Fabia überlegt

Hinweise
▷ andere Personalformen suchen
▷ Sätze bilden

D1729022

5 ▶ Der Ausflug (Teil 2)

Ziele
▶ Nomen durch Lösen eines Rätsels üben
▶ Einzahl und Mehrzahl bilden
▶ Eine Geheimschrift lösen

Lösungen
1)

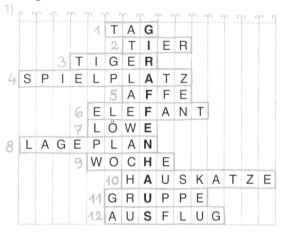

2) der Tag – die Tage; das Tier – die Tiere; der Tiger – die Tiger; der Spielplatz – die Spielplätze; der Affe – die Affen; der Elefant – die Elefanten; der Löwe – die Löwen; der Lageplan – die Lagepläne; die Woche – die Wochen; die Hauskatze – die Hauskatzen; die Gruppe – die Gruppen; der Ausflug – die Ausflüge

3) Ausflug – Gruppe – Hauskatze – Woche – Lageplan – Löwe – Elefant – Affe – Spielplatz – Tiger – Tier – Tag

4) individuell

Hinweise
▶ Nomen als Partnerdiktat

---

6 ▶ Der Ausflug (Teil 3)

Ziele
▶ Adjektive im Rätsel üben
▶ andere Wörter in Spiegelschrift entziffern

Lösungen
1)

g	n	i	e	d	l	i	c	h	z
b	k	l	u	s	t	i	g	j	m
g	r	o	ß	e	m	g	q	o	e
y	r	d	i	c	k	n	k	c	u
l	t	p	w	i	l	d	v	a	f
b	c	i	d	a	n	r	o	v	c
l	a	n	g	w	e	i	l	i	g
e	r	r	i	e	s	i	g	l	j
d	s	e	n	t	s	e	t	z	t

2) individuell

3) lieber; vorher; jeden; dort; alles; Zoo; unbedingt; möchten

---

7+8 ▶ Der Ausflug (Teil 4 und 5)

▶ **Die Arbeitsblätter 4 und 5 müssen gemeinsam ausgeteilt werden!**

Ziele
▶ eine Datei öffnen / speichern
▶ Rechtschreibhilfe von Word zum Auffinden von Fehlern nutzen
▶ Rechtschreibhilfe von Word zur Fehlerberichtigung nutzen

Lösungen
▶ Fehlerwörter: Nächste, Zoo, informieren, gibt, sehen, riesigen, überlegen, Tiere, wollen, möchten, lieber, Affen, interessiert, dicken, zieht, Tigern, niedlichen, Hauskatzen, entsetzt, kannst, beschließen, Gruppen, Spielplatz, treffen

Hinweise
▶ Richten Sie bitte für jedes Kind einen eigenen Ordner ein (falls noch nicht geschehen), in dem es die Datei schnell finden kann. Es bietet sich an, diesen Ordner unter Eigene Dateien abzulegen und dafür eine Verknüpfung auf dem Desktop herzustellen. Falls Ihre Schüler noch wenig Erfahrung im Umgang mit dem PC haben, sollten Sie ihnen vor dem Einsatz der AB den Weg dorthin kurz zeigen. Es bietet sich auch an, dafür einige versiertere Schüler als Helfer auszubilden. Den Fehlertext können Sie zu Hause vorbereiten, unter dem Namen Der Ausflug auf Diskette speichern und in der Schule auf die einzelnen Schülerordner übertragen (s. Technikseiten).
Stellen Sie sicher, dass sich alle in Ihren Texten benutzten Wörter im WORD-Wörterbuch befinden (fügen Sie sie ggf. hinzu, ansonsten gibt es keine Vorschläge in der Auswahlliste). Außerdem muss die Rechtschreibprüfung aktiviert, Grammatikfehler aber müssen ausgeblendet sein. Die entsprechende Schaltfläche (ABC) in der Standardleiste muss aufgeführt sein (s. Technikseiten). In der Schritt-für-Schritt-Anleitung auf AB 05 wird bewusst nach der Änderung eines Wortes der Schritt Schließen hinzugefügt, da WORD automatisch zum Vorschlag für den nächsten Fehler springt, die Schüler aber zuerst versuchen sollen, selbst die richtige Schreibweise zu finden.

Fehlertext
▶ Der Ausflug
Nächse Woche machen wir einen Ausflug in den Kölner Zo. Vorher informiren wir uns im Internet, was es dort alles giebt. Auf einem großen Lageplan seen wir den risigen Zoo und übelegen, welche Tire wir besuchen wolen. Lena und Adrian möhten ins Giraffenhaus, Martin und Laura wollen liber zu den lustigen Afen. Kai intressiert sich für die diken Elefanten. Fabia ziet es zu den wilden Löwen und Tiegern. Aber Sandra will unbedingt zu den nidlichen Hauskazen. „Das ist doch langweilig!", ruft Martin entsezt. „Die kanst du doch jeden Tag sehen". Wir beschlißen, in Grupen zu gehen und uns auf dem Spilplatz zu trefen.

---

9 ▶ Der Ausflug (Teil 6)

Ziele
▶ mit Hilfe der Grammatikprüfung weitere Fehler finden, die in der Rechtschreibprüfung nicht angezeigt werden
▶ Schwächen des Computers erkennen

Lösungen

1) Falsche Wörter, die mit Hilfe der Grammatikprüfung gefunden werden: machen, informieren, einen, besuchen, möchten, dicken, niedlichen, ruft, sehen, beschließen (10)
2) Das Rechtschreibprogramm findet die Fehler nicht, weil die Rechtschreibung nicht falsch ist.

Hinweise

▷ Der Fehlertext muss vorbereitet und unter dem Namen Der Ausflug 2 in den Ordner der Kinder kopiert werden.
▷ Stellen Sie sicher, dass vor der Arbeit die Funktion Grammatik zusammen mit Rechtschreibung überprüfen aktiviert ist.
▷ In diesem Fall wird auf die Automatik des Programms zurückgegriffen.
▷ Es befinden sich zwei weitere Fehler im Text (denn statt den und Wilden statt wilden), die die Grammatikprüfung nicht findet.
▷ Stellen Sie sicher, dass die Kinder ihre Arbeit abspeichern, weil die berichtige Datei Grundlage für die nächste Übung ist.

Fehlertext

▷ Der Ausflug

Nächste Woche mache wir einen Ausflug in denn Kölner Zoo. Vorher informier wir uns im Internet, was es dort alles gibt. Auf eine großen Lageplan sehen wir den riesigen Zoo und überlegen, welche Tiere wir besuche wollen. Lena und Adrian möchte ins Giraffenhaus, Martin und Laura wollen lieber zu den lustigen Affen. Kai interessiert sich für die dicke Elefanten. Fabia zieht es zu den Wilden Löwen und Tigern. Aber Sandra will unbedingt zu den niedliche Hauskatzen. „Das ist doch langweilig!", ruf Martin entsetzt. „Die kannst du doch jeden Tag sehe." Wir beschließe, in Gruppen zu gehen und uns auf dem Spielplatz zu treffen.

10 ▶ Der Ausflug (Teil 7)

Ziele

▷ Fehler in einem Text suchen
▷ Wörter mit der Schaltfläche Hervorheben markieren
▷ den Computer als nicht denkende Maschine begreifen

Lösungen

1) denn statt den, Wilden statt wilden
2) Das Wort „denn" ist objektiv richtig geschrieben, aber an dieser Stelle falsch, weil „den" gemeint ist, was der Computer nicht erkennt. Ein fälschlich groß geschriebenes Adjektiv kann der Computer nicht erfassen.

11 ▶ So ein Zirkus (Teil 1)

Ziele

▷ Nomen durch Lesen einer Geheimschrift üben
▷ Verben durch Kreuzworträtsel üben

Lösungen

1) Zirkusvorstellung, Vorbereitung, Papierblume, Affenkostüm, Schulfest, Programm, Einladung, Zauberer, Stoffmaus, Tanzbär, Versehen, Kind, Tag, Plakat

12 + 13 ▶ So ein Zirkus (Teil 2 und 3)

Ziele

▷ Wörter mit der Vorsilbe Vor / vor- Ver / ver üben
▷ eine Datei öffnen / speichern
▷ Hervorheben in Word durchführen
▷ dabei die Farbe Rot / Blau einstellen
▷ Übungswörter in Word schreiben

Lösungen AB 12

1) Zirkusvorstellung, Vorbereitungen, vorspielen, vorkommen

Lösungen AB 13

2) verschicken, verwandelt, Versehen, verlegen

Hinweise AB 12 + 13

▷ Der Text muss vorbereitet und unter dem Namen So ein Zirkus in den Ordner der Kinder kopiert werden.

Text

▷ So ein Zirkus

Beim Schulfest wollen wir eine Zirkusvorstellung geben. Bis es endlich so weit ist, sind noch viele Vorbereitungen nötig. Wir müssen Kostüme nähen, Plakate malen, Kulissen basteln, das Programm schreiben und Einladungen verschicken. Jeden Tag üben wir die Kunststücke, die wir vorspielen wollen. Martin ist der Zauberer und verwandelt eine Papierblume in eine Stoffmaus. Lena und Laura machen Purzelbäume. Alina ist der Tanzbär, aber sie hat aus Versehen das Affenkostüm angezogen. Die Kinder lachen laut und sie dreht sich verlegen um. Kai tröstet: „Das kann doch vorkommen. Wenn das Schulfest vorbei ist, passiert dir das bestimmt nicht mehr."

14 ▶ So ein Zirkus (Teil 4)

Ziele

▷ Nomen und Verben mit den Vorsilben Vor / vor und Ver / ver bilden
▷ eigene Beispiele suchen

Lösungen

1) die Vorbereitung, die Vorhersage, die Vorgabe, der Vorlauf, die Vorstellung, das Vorspiel, der Vorhang, die Vorsicht
vorbereiten, vorhersagen, vorgeben, vorlaufen, vorstellen, vorspielen, vorhängen, vorsehen
2) das Versehen, die Verantwortung, die Versorgung, die Verbreitung, der Verlauf, der Verbrauch, die Vergebung, die Versuchung
versehen, verantworten, versorgen, verbreiten, verlaufen, verbrauchen, vergeben, versuchen
3) individuell

15 Der Zaubergarten (Teil 1)

Ziele
▶ einen Text lesen
▶ Fragen zum Text schriftlich beantworten

Lösungen
1) Durch meinen Zaubergarten klingt eine wunderbare Melodie.
2) Um den Zaun ranken tausend rote und gelbe Rosen.
3) An den Bäumen hängen blaue Orangen und lila Zitronen.
4) Der Milchbrunnen schenkt mir einen köstlichen Trunk.
5) Meinen Durst lösche ich aus einem Krug mit goldenem Henkel, und meinen Hunger stille ich von silbrig blinkenden Tellern.
6) Manchmal denke ich, mein wunderbarer Zaubergarten sei nur ein Traum, den ich dem Irrlicht versinkender Sterne verdanke.

16 + 17 Der Zaubergarten (Teil 2 und 3)

Ziele
▶ Wörter mit ng / nk im Text suchen und die Anzahl notieren
▶ eine Datei öffnen / speichern
▶ Wörter mit ng durch Word suchen und ng rot / nk grün färben
▶ die Schriftfarbe ändern
▶ Text über die Tastatur eingeben
▶ das eigene Ergebnis mit dem Computerergebnis vergleichen

Ergebnisse AB 16
1) 10 Wörter
2) klingt, Engeln, gesungen, Gang, schwingendes, bringt, hängen, Orangen, langen, Hunger

Ergebnisse AB 17
1) 10 Wörter
2) ranken, versinken, Bank, schenkt, Trunk, Henkel, blinkenden, denke, versinkender, verdanke

Hinweise
▶ den Text als Word-Datei vorbereiten und unter dem Namen Der Zaubergarten in den Ordner der Kinder kopieren

Text
▶ Der Zaubergarten
Durch meinen Zaubergarten klingt wie von Engeln gesungen eine wunderbare Melodie. Tausend rote und gelbe Rosen ranken um den Zaun. Meine Schritte versinken in weichem Moos auf dem Gang zu der gepolsterten Bank, über der mir ein schwingendes Blätterdach Schatten bringt. Die Bäume hängen voll blauer Orangen und lila Zitronen mit langen Stielen und der Milchbrunnen schenkt mir einen köstlichen Trunk. Aus einem Krug mit goldenem Henkel lösche ich meinen Durst, und von silbrig blinkenden Tellern stille ich meinen Hunger. Manchmal aber denke ich, mein wunderbarer Zaubergarten sei nur ein Traum, den ich dem Irrlicht versinkender Sterne verdanke.

18 Der Zaubergarten (Teil 4)

Ziele
▶ weitere Wörter mit ng / nk üben
▶ Reime zu Wörtern mit ng / nk suchen
▶ Verben in der Grundform und 3. Person Singular aufschreiben
▶ ng oder nk einsetzen

Lösungen
1) klingen, singen, bringen, springen, schwingen; Gang, Rang, Gesang, Drang, Fang; Klänge, Gedränge, Fänge; Zangen, Stangen, bangen; hängen, drängen; Engel, Bengel; Junge, Lunge
2) klingen – er klingt; singen – er singt; bringen – er bringt; springen – er springt; schwingen – er schwingt; bangen – er bangt; hängen – er hängt; drängen – er drängt
3) blinken, sinken, stinken, hinken, trinken; Bank, Schrank, Tank, blank, krank; denken, lenken, schenken, senken; Schenkung, Senkung, Lenkung; danken, tanken, ranken; Henkel, Schenkel, Senkel; Ranke, Pranke
4) bangt, lange, Bank, schenkt, Ring, denkt, lenkt, trinkt, krank, klingt, Engel

Hinweise
▶ den Text als Partnerdiktat oder Laufdiktat schreiben lassen
▶ weitere Einsetzübungen vorbereiten

19 Geburtstag (Teil 1)

Ziele
▶ eine Datei öffnen / speichern
▶ Text eingeben
▶ Wörter unterstreichen
▶ schwierige Wörter identifizieren

Lösungen
▶ individuell, voraussichtlich aber alle Wörter mit Doppelkonsonanten, Dehnungs-h, ck, ie

20 Geburtstag (Teil 2)

Ziele
▶ Datei öffnen, speichern, ausdrucken
▶ schwierige Stellen im Wort lokalisieren
▶ einzelne Buchstaben oder Buchstabenfolgen unterstreichen

Lösungen
▶ individuell (Viele Unterstreichungen gleichen sich, es kommen aber auch Abweichungen vor.)

Hinweise
▶ den Text als Word-Datei vorbereiten und unter dem Namen Geburtstag in den Ordner der Kinder kopieren
▶ die gefundenen Wörter weiter bearbeiten: Nomen in Einzahl und Mehrzahl aufschreiben, Verben in verschiedenen Personalformen, eigene Sätze mit den Wörtern bilden

Text
▶ Geburtstag
Ilona hat heute Geburtstag. Sie wird zehn Jahre alt. Am Nachmittag feiert sie mit ihren Freundinnen im Garten. Mutter hat einen riesigen Geburtstagskuchen gebacken und Ilona muss vor dem Essen die Kerzen ausblasen. Danach machen die Mädchen lustige Spiele. Sie veranstalten ein Wettrennen und eine Modenschau mit alten Sachen vom Dachboden. Lena zieht einen langen Rock an und eine weiße Spitzenbluse. Alina wählt feuerrote Jeans und einen gelben Pullover. Fabia wackelt auf Mutters alten Stöckelschuhen durch das Blumenbeet. Laura dreht sich dicke Lockenwickler in die Haare und sieht aus wie ein Igel. Alle lachen, und zur Erinnerung fotografiert Vater die ganze Gesellschaft.

Auf den nächsten vier Seiten lernen Sie das kennen, was Sie für die Arbeitsblätter in Heft 1 „Rechtschreiben mit Word" an **Word-Kenntnissen** benötigen. Sollten Sie dennoch Fragen haben, können Sie den Autoren mailen.

Sie erreichen das Autorenteam Schwabe & Datz unter der Internet-Adresse: **www.computer-in-der-schule.de**. Dieses Heft können Sie verwenden für Word 97, Word 2000, Word 2002/XP und Word 2003.

Word 97, Word 2000 und höhere Versionen

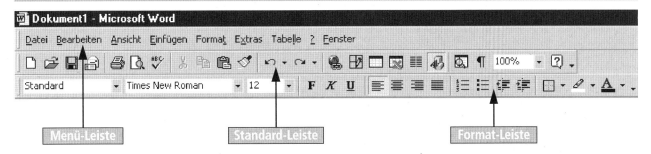

Zwischen Word 97 und Word 2000 bestehen Unterschiede in der **Darstellung des Bildschirms**.

Arbeiten Sie mit **Word 2000 oder einer höheren Version**, sollten Sie die so genannten **Symbolleisten** anpassen. In Word 97 sind diese automatisch untereinander eingeblendet.

Ab Word 2000 sind sie es standardmäßig nicht! Meistens ist die Darstellung „**Untereinander**" einfacher, schneller und vor allem übersichtlicher! Auch die einzelnen **Menüpunkte** sollten direkt vollständig aufklappbar sein!

Wenn Sie über **Word 2000 oder einer höheren Version** verfügen, nehmen Sie bitte aus den oben genannten Gründen die nächsten Einstellungen vor!

▶ Klicken Sie auf den Menüpunkt **Extras > Anpassen**.

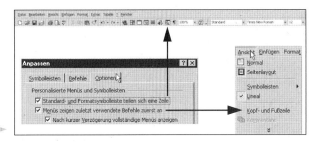

▶ Aktivieren Sie die Registerkarte **Optionen**.

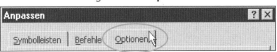

▶ **Entfernen** Sie jeweils die beiden **Häkchen**, indem Sie diese mit der Maus anklicken.

▶ Verlassen Sie das Dialogfeld z.B. über die Schaltfläche **Schließen**.

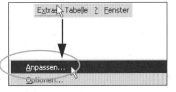

Die Symbolleisten sind nun untereinander eingeblendet. Die Menüpunkte werden direkt vollständig angezeigt.

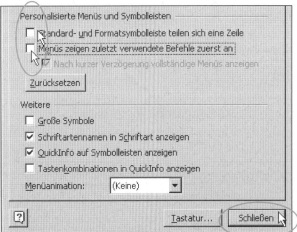

Die Symbolleisten **Standard** und **Format** können über das Menü **Ansicht > Symbolleisten** jeweils ein- und ausgeblendet werden. Das Häkchen bedeutet, dass sie aktiviert sind. Für die Arbeit mit diesem Heft sollten beide Symbolleisten eingeblendet sein!

Rechtschreiben und Grammatik

Mit den nächsten Schritten überprüfen Sie, ob diese Einstellungen eingeschaltet sind.

Für die Rechtschreibung in Word sollten die drei folgenden Funktionen aktiviert sein:
1.) **Rechtschreibung während der Eingabe**
2.) **Neue deutsche Rechtschreibung**
3.) **Grammatik zusammen mit der Rechtschreibung prüfen**

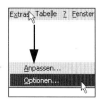

▶ Wählen Sie das Menü **Extras > Optionen**.

▶ Aktivieren Sie die Registerkarte **Rechtschreibung und Grammatik**.

Hier sollten die o. g. Angaben aktiviert sein. ──────

▶ Verlassen Sie das Dialogfeld über die Schaltfläche **OK**.

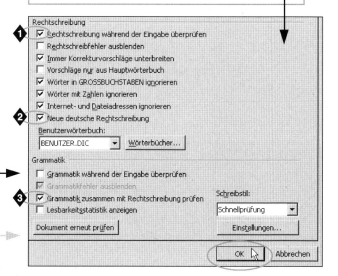

Die Rechtschreibung wird **während der Texteingabe** geprüft. Das Programm unterstreicht unbekannte Ausdrücke mit einer „roten Schlangenlinie".

▶ Klicken Sie mit der **rechten Maustaste** in das Wort.

▶ Klicken Sie das korrekte Wort mit der linken Maustaste an, übernehmen Sie es.

Hinweis:

Mit dem Befehl **Alle ignorieren** würde das Wort (hier „Feller") für das bestehende Dokument nicht mehr als falsch erkannt. Über den Eintrag **Hinzufügen** fügen Sie das Wort in das **Benutzerhandbuch** hinzu. Das Wort würde zukünftig als korrekt gelten.

Die Rechtschreibung kann auch **nachträglich** überprüft werden. Dazu nehmen Sie die Schaltfläche **ABC** oder das Menü **Extras > Rechtschreibung und Grammatik** oder drücken die Taste **F7** auf der Tastatur.

▶ Klicken Sie auf die Schaltfläche **ABC**.

Rechtschreibung und Grammatik

Achtung:

Sie gelangen nur in das Dialogfeld **Rechtschreibung und Grammatik**, wenn Sie vorher die Rechtschreibung **nicht** ausgeführt haben!

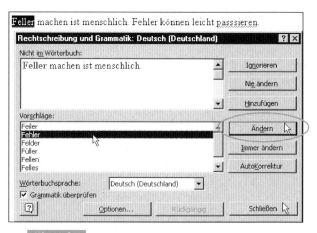

▶ Über die rechten **Schaltflächen** können Sie den Fehler entsprechend ändern.

Hinweis:

Sobald Sie ein Wort ändern und sich mehrere Fehler im Text befinden, verwandelt sich die Schaltfläche **Abbrechen** in **Schließen**.

Benutzerhandbuch für die Rechtschreibung

Wörter, die Word nicht erkennt, markiert die Software als **Fehler.** Sie können das **Rechtschreibbuch (= Benutzerhandbuch)** ändern bzw. ergänzen. Hier die Vorgehensweise für Word 2000. In anderen Versionen ist die Vorgehensweise ähnlich!

▷ Aktivieren Sie das Menü **Extras > Optionen.**

▷ Holen Sie ggf. die Registerkarte **Rechtschreibung und Grammatik** in den Vordergrund.

▷ Klicken Sie die Schaltfläche **Wörterbücher** an.

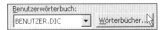

▷ Um das **benutzerdefinierte Wörterbuch (BENUTZER.DIC)** zu ändern, aktivieren Sie die Schaltfläche **Bearbeiten.**

▷ Ändern und ergänzen Sie die Angaben im Wörterbuch wie bei einem „normalen Text".

```
Datz
Jungeroth
Mailen
Mildenberger
Schwabe
```

▷ **Speichern** Sie die Änderungen.

▷ Verlassen Sie das Wörterbuch über den Menüpunkt **Datei > Schließen** bzw. beenden Sie Word.

Beispiel

Falls Sie versehentlich den Befehl **Hinzufügen** anklicken, wird das Wort für immer als korrekt erkannt. Das Wörterbuch müsste dann korrigiert werden.

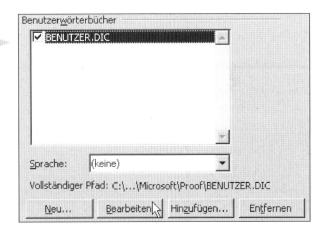

Verzeichnisse erstellen

Mit dem **Windows-Explorer** können Sie Verzeichnisse / Ordner erstellen und – wie bei Dateien – kopieren, verschieben, löschen oder umbenennen.

▷ Klicken Sie auf **Start**.

▷ Bewegen Sie den Mauszeiger auf den Eintrag **Programme.** Starten Sie per Mausklick den **Windows-Explorer.**

▷ Aktivieren Sie ggf. das Laufwerk **C:** . Klicken Sie danach das Verzeichnis **Eigene Dateien** an.

▷ Wählen Sie **Datei > Neu > Ordner.** Klicken Sie auf den neuen Ordner.

▷ Klicken Sie noch einmal. Sie können einen **Namen** für den Ordner vergeben.

▷ Tippen Sie hier den Namen z. B. eines Schülers ein und bestätigen Sie über die **Enter-Taste.**

Wiederholen Sie die Schritte **4 bis 6** und legen Sie so die einzelnen **Verzeichnisse** an.

```
Adam
Christa
Petra
Philipp
Rudolf
```

Desktop-Verknüpfungen erstellen

Der Desktop ist die Schaltzentrale in **Windows**. Hier werden z. B. Programme gestartet. Sie können den Ordner **Eigene Dateien** als **Verknüpfung** zum Desktop kopieren. Dadurch gelangen Sie schnell und direkt in diesen Ordner.

1 Klicken Sie im Windows-Explorer mit der rechten Maustaste den Ordner **Eigene Dateien** an.

2 Wählen Sie den Befehl **Objekt zum Desktop hinzufügen**.

3 Schließen Sie den **Windows-Explorer** ⊠.

4 Der Ordner **Eigene Dateien** befindet sich als Verknüpfung auf dem Desktop.

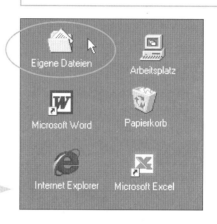

Eine Datei von Diskette kopieren

Um Dateien von Diskette in einen Ordner auf dem PC zu kopieren, gibt es mehrere Möglichkeiten! Hier eine davon:

1 Schieben Sie die Diskette in das Diskettenlaufwerk.

Klicken Sie innerhalb des **Desktops** **doppelt** mit der linken Maustaste auf das Symbol **Arbeitsplatz**.

2
Klicken Sie hier wiederum **doppelt** auf das **Diskettensymbol**.

3 Klicken Sie einmal die Datei an.

4 Kopieren Sie die Datei.

Schließen Sie den Arbeitsplatz ⊠.

5 **Doppelklicken** Sie auf **Eigene Dateien**.

6 Klicken Sie **doppelt** auf den ersten Schülerordner.

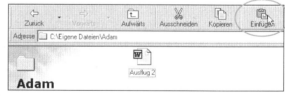

7 Fügen Sie über die Schaltfläche **Einfügen** die Datei ein.

8 Über die Schaltfläche **Zurück** gelangen Sie wieder zu den anderen Ordnern.

 Führen Sie für die anderen Schülerordner die Schritte **6 bis 8** durch.

9 Nehmen Sie die Diskette wieder aus dem Laufwerk.

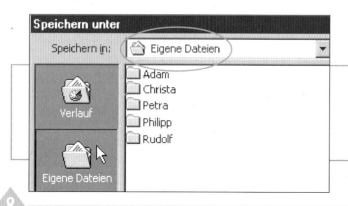

Hinweis:

Wenn die Schüler bzw. Schülerinnen in Word eigene Texte in ihre Verzeichnisse speichern, muss nur das Verzeichnis **Eigene Dateien** angegeben und der entsprechende Ordner doppelt angeklickt werden.

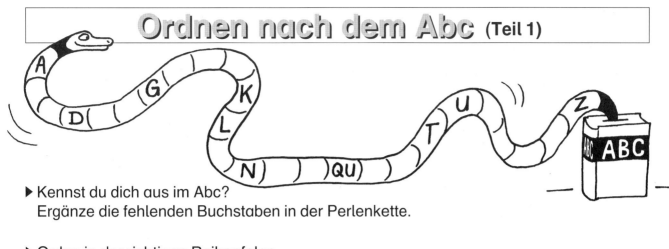

Ordnen nach dem Abc (Teil 1)

▶ Kennst du dich aus im Abc?
  Ergänze die fehlenden Buchstaben in der Perlenkette.

▶ Ordne in der richtigen Reihenfolge.

D B C A   N O M P   D C F E   W V T U

▶ Ordne in der richtigen Reihenfolge.
  Ein Buchstabe ist jeweils zu viel. Streiche ihn rot durch.

H G I K   H G F J   F E D H   D C B F

▶ Hier fehlt einer!
  Ordne richtig zu und schreibe den fehlenden Buchstaben rot hinzu.

D G F   H F I   N O L   Q P S

▶ Jede Zahl steht für einen Buchstaben.
  Findest du die Regel heraus? Wie heißt der Satz?

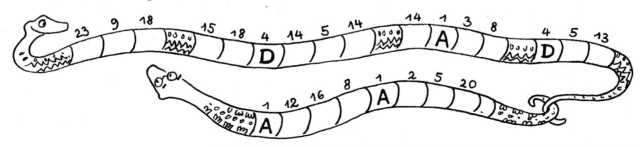

Ordnen nach dem Abc (Teil 2)

▶ **Das Tier-Abc:**

Schreibe alle Buchstaben des Abc
in deinem Heft untereinander auf.
Findest du zu jedem Buchstaben
ein Tier? Du darfst dabei ein Sachbuch
oder ein Lexikon benutzen.

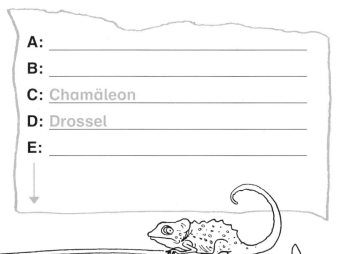

A: _____

B: _____

C: Chamäleon

D: Drossel

E: _____

▶ Vergleicht in der Klasse, wer die meisten
Tiere gefunden hat.

▶ Weißt du, was ein Chamäleon ist?
Schau im Lexikon unter „Ch" nach.

▶ Obstsalat: Ordne die Früchte in jeder Dose nach dem Abc. Schreibe in dein Heft.
Achtung! In einer Dose musst du auch nach dem zweiten Buchstaben sehen.

Apfel	Orange	Mandarine	Traube	Himbeere
Kirsche	Zitrone	Aprikose	Apfelsine	Waldbeere
Birne	Banane	Kiwi	Erdbeere	Heidelbeere
Pfirsich	Pflaume	Limone	Melone	Brombeere

▶ Zehn Gemüsesorten sind auf dem Zettel versteckt.
Markiere sie und schreibe sie nach dem Abc geordnet auf die Linien.

MÖH RENTO MA
TENB OHN EN ER
BSEN WE IßKOH
LKOH LRABIPA
PRIK AGU RKEN
LIN SENSP INAT

_____ Möhren _____

_____ _____

_____ _____

_____ _____

Abc-Spiel für zwei oder mehr Mitspieler

▶ Schreibt die Buchstaben des Abc auf 26 kleine Kärtchen.
Mischt sie und legt sie umgedreht in die Mitte. Einer beginnt,
zieht ein Kärtchen und gibt es seinem Nachbarn. Dieser muss
jetzt den Nachfolger im Abc sagen. Wird z. B. das „G" gezogen,
ist die richtige Antwort „H". Der Spieler darf das Kärtchen behalten.
War die Antwort falsch, wandert es auf den Tisch zurück.
Das Spiel ist zu Ende, wenn alle Kärtchen aufgebraucht sind.
Gewonnen hat der Spieler, der die meisten Kärtchen besitzt.

Denk dir das Abc wie eine
geschlossene Perlenkette:
Auf das Z folgt dabei das A.

Ordnen nach dem Abc (Teil 3)

▶ Die Kinder sollen sich in der Turnstunde
nach dem Abc geordnet aufstellen.
Hilf ihnen dabei. Achtung! Zweimal musst
du auch den zweiten Buchstaben beachten.

Lena
Fabia
Tobi
Martin
Sandra
Kai
Anton
Laura

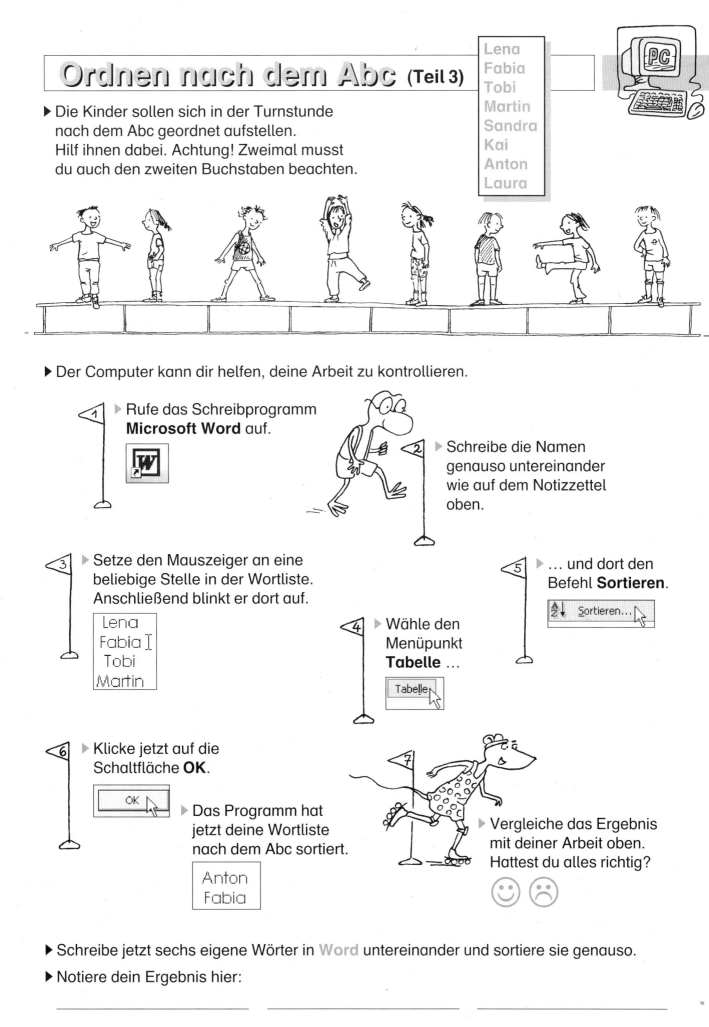

▶ Der Computer kann dir helfen, deine Arbeit zu kontrollieren.

1 ▶ Rufe das Schreibprogramm
Microsoft Word auf.

2 ▶ Schreibe die Namen
genauso untereinander
wie auf dem Notizzettel
oben.

3 ▶ Setze den Mauszeiger an eine
beliebige Stelle in der Wortliste.
Anschließend blinkt er dort auf.

Lena
Fabia
Tobi
Martin

4 ▶ Wähle den
Menüpunkt
Tabelle …

Tabelle

5 ▶ … und dort den
Befehl **Sortieren**.

Sortieren…

6 ▶ Klicke jetzt auf die
Schaltfläche **OK**.

OK

▶ Das Programm hat
jetzt deine Wortliste
nach dem Abc sortiert.

Anton
Fabia

7 ▶ Vergleiche das Ergebnis
mit deiner Arbeit oben.
Hattest du alles richtig?

☺ ☹

▶ Schreibe jetzt sechs eigene Wörter in Word untereinander und sortiere sie genauso.

▶ Notiere dein Ergebnis hier:

_____   _____   _____

_____   _____   _____

Der Ausflug (Teil 1)

Der Ausflug

Nächste Woche machen wir einen Ausflug in den Kölner Zoo. Vorher informieren wir uns im Internet, was es dort alles gibt. Auf einem großen Lageplan sehen wir den riesigen Zoo und überlegen, welche Tiere wir besuchen wollen. Lena und Adrian möchten ins Giraffenhaus, Martin und Laura wollen lieber zu den lustigen Affen. Kai interessiert sich für die dicken Elefanten. Fabia zieht es zu den wilden Löwen und Tigern. Aber Sandra will unbedingt zu den niedlichen Hauskatzen. „Das ist doch langweilig", ruft Martin entsetzt. „Die kannst du doch jeden Tag sehen." Wir beschließen, in Gruppen zu gehen und uns auf dem Spielplatz zu treffen.

▶ Lies den Text aufmerksam durch und markiere dabei schwierige Wörter.
  Schreibe sie anschließend auf:

_____

_____

_____

_____

informieren	sehen	rufen	ziehen
gehen	besuchen	können	interessieren	überlegen	wollen
geben	beschließen	treffen	machen

▶ Ein kleines Äffchen ist über die Wortkarten gelaufen.
  Erkennst du die Verben trotzdem? Schreibe sie so auf:

informieren – Fabia informiert   _____

_____   _____

_____   _____

_____

_____

_____

_____

Der Ausflug (Teil 2)

▶ Löse das Rätsel. Alle diese Wörter findest du auch im Text von Arbeitsblatt 1.

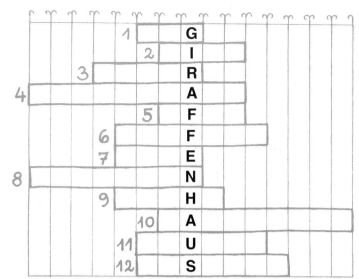

1. Einheit von 24 Stunden
2. Lebewesen
3. wildes Tier mit gestreiftem Fell
4. Ort zum Spielen
5. Tier, das dem Menschen ähnlich ist
6. graues Wildtier
7. das Männchen trägt eine Mähne
8. Übersicht über ein Gebiet
9. Einheit von sieben Tagen
10. Verwandte von Löwe und Tiger – lebt im Haus
11. Ansammlung von mindestens drei Personen
12. Fahrt zu einem bestimmten Ziel

▶ Schreibe alle gefundenen Nomen (Namenwörter) aus dem Rätsel
   in Einzahl und Mehrzahl mit Begleiter in dein Heft:

der Tag – die Tage

▶ Kannst du die Geheimschrift unten lesen?
   Trage die Nomen aus dem Rätsel richtig ein:

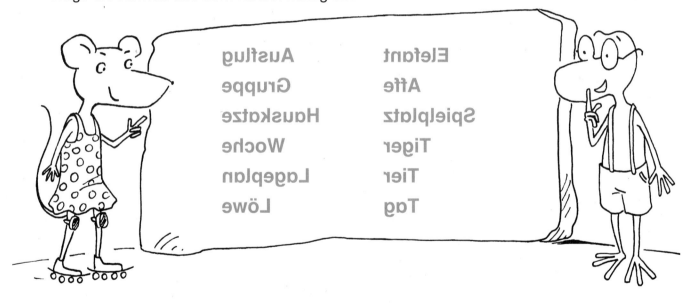

▶ Benutze möglichst viele dieser Nomen in einem lustigen Satz.

Der Ausflug (Teil 3)

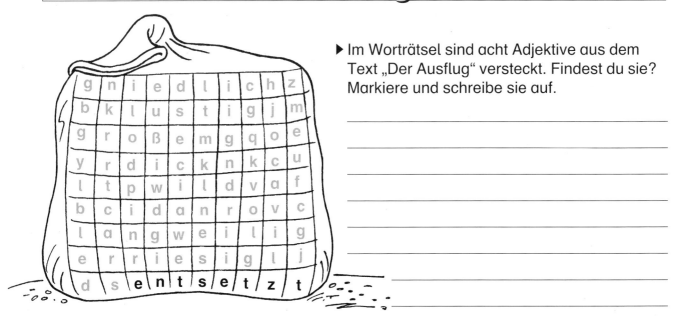

▶ Im Worträtsel sind acht Adjektive aus dem Text „Der Ausflug" versteckt. Findest du sie? Markiere und schreibe sie auf.

_____

_____

_____

_____

_____

_____

_____

▶ Schreibe so:

ein entsetztes Gesicht, _____

_____

_____

_____

▶ Kannst du die Wörter unten entziffern?

Ich kann dir helfen!

lieber _____

vorher _____

jeden _____

dort _____

alles _____

Zoo _____

unbedingt _____

möchten _____

Der Ausflug (Teil 4)

> Der Ausflug
>
> Nächse Woche machen wir einen Ausflug in den Kölner Zo. Vorher informiren wir uns im Internet, was es dort alles giebt. Auf einem großen Lageplan seen wir den risigen Zoo und übelegen, welche Tire wir besuchen wolen. Lena und Adrian möhten ins Giraffenhaus, Martin und Laura wollen liber zu den lustigen Afen. Kai intressiert sich für die diken Elefanten. Fabia ziet es zu den wilden Löwen und Tiegern. Aber Sandra will unbedingt zu den nidlichen Hauskazen. „Das ist doch langweilig", ruft Martin entsezt. „Die kanst du doch jeden Tag sehen." Wir beschlißen, in Grupen zu gehen und uns auf dem Spilplatz zu trefen.

▶ Rufe in deinem Ordner die Datei **Der Ausflug** auf. Siehst du die vielen roten Wellenlinien unter den Wörtern? Hier hat der Fehlerteufel tüchtig zugeschlagen!

▶ Bearbeite alle 24 falschen Wörter sorgfältig, bis die Wellenlinien verschwunden sind.

▶ Und so geht es:

1. Setze den Mauszeiger an die Stelle im Wort, an der du den Fehler vermutest.

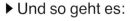

Der Ausflug

Nächse Woche
Kölner Zo. Vorhe

2. Tippe über die Tastatur den fehlenden Buchstaben ein. Falsche Buchstaben kannst du mit der **Entfernen**-Taste oder der **Rücklösch**-Taste löschen.

Wenn dein Wort richtig ist, verschwindet die rote Linie.

Der Ausflug

Nächste Woche
Kölner Zo. Vorher

3. Speichere deine Arbeit. Klicke dazu auf die Schaltfläche **Speichern**.

▶ Schreibe die im Computer bearbeiteten Wörter richtig auf die Linien unten.

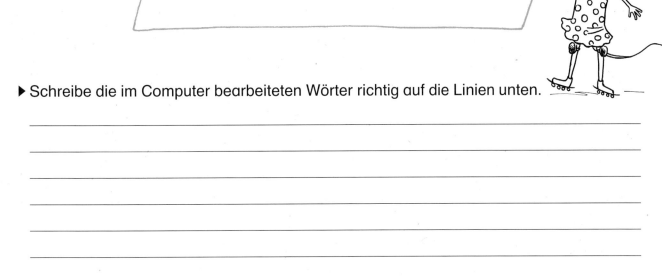

_____

_____

_____

_____

_____

Der Ausflug (Teil 5)

▶ Falls du Schwierigkeiten haben solltest die richtige Schreibweise zu finden, kann dir der Computer helfen.

 Klicke in das Wort, bei dem du Hilfe brauchst. Hier ist es **Zo**.

Nächste Woche
Kölner Zo. Vorher

 Wähle in der Standardleiste die Schaltfläche **Rechtschreibung und Grammatik**.

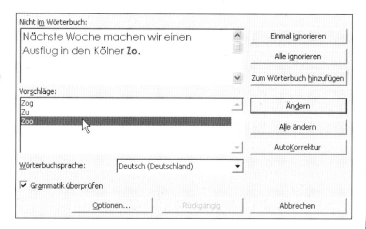

 Schau dir die Vorschläge in der Auswahlliste des Wörterbuches an und wähle das passende Wort aus (hier: **Zoo**).

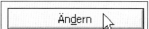 Klicke auf die Schaltfäche **Ändern** ...

 Das Wort ist jetzt richtig geschrieben.

Der Ausflug

Nächste Woche
Kölner Zoo. Vorhe

 ... und anschließend auf **Schließen**.

▶ **Achtung!**
Obwohl der Computer eine große Hilfe ist, musst du immer gut aufpassen, denn er kann nur die Wörter anzeigen, die in seinem Wörterbuch gespeichert sind!

Der Ausflug (Teil 6)

▸ Rufe in deinem Ordner die Datei
Der Ausflug 2 auf. Lena hat den
Text neu geschrieben und alle
Fehler berichtigt. Dabei hat sie sich
aber einige Male vertippt. Trotzdem
siehst du hier keine roten Linien.

▸ Lies den neuen Text aufmerksam durch.
Der Computer kann dir auch hier helfen,
Fehler zu finden.

▸ Das geht so:

Der Ausflug

Nächste Woche mache wir einen Ausflug in denn Kölner Zoo. Vorher informier wir uns im Internet, was es dort alles gibt. Auf eine großen Lageplan sehen wir den riesigen Zoo und überlegen, welche Tiere wir besuche wollen. Lena und Adrian möchte ins Giraffenhaus, Martin und Laura wollen lieber zu den lustigen Affen. Kai interessiert sich für die dicke Elefanten. Fabia zieht es zu den Wilden Löwen und Tigern. Aber Sandra will unbedingt zu den niedliche Hauskatzen. „Das ist doch langweilig", ruf Martin entsetzt. „Die kannst du doch jeden Tag sehe." Wir beschließe, in Gruppen zu gehen und uns auf dem Spielplatz zu treffen.

1

Wähle in der Standardleiste
die Schaltfläche **Rechtschreibung
und Grammatik**.

Grammatikfehler:

Nächste Woche **mache** wir einen Ausflug
in denn Kölner Zoo.

▸ Der Computer zeigt jetzt das Wort mache in grüner Farbe als **Grammatikfehler** an.

2

Schau dir den Vorschlag genau an
und überlege, ob er in den Satz passt.

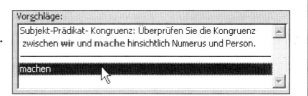

Vorschläge:

Subjekt-Prädikat- Kongruenz: Überprüfen Sie die Kongruenz
zwischen wir und mache hinsichtlich Numerus und Person.

machen

3

Klicke auf die Schaltfläche **Ändern**.

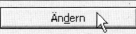

Ändern

4

Danach geht es automatisch weiter
zum nächsten Wort. Korrigiere alle
Fehler, die du so noch findest.

Falls du einmal keinen
Vorschlag bekommst oder der
Vorschlag nicht passt, berichtigst
du das Wort über die Tastatur und
klickst anschließend auf die
Schaltfläche **Ändern**.

Ändern

5

Klicke zum Schluss auf **OK**.

Die Rechtschreib- und Grammatikprüfung ist abgeschlossen.

OK

6

Speichere deine Arbeit.

▸ Wie viele Fehler hast du gefunden?

▸ Überlege, warum wohl das Rechtschreibprogramm diese Fehler nicht anzeigt.

Der Ausflug (Teil 7)

▶ Rufe in deinem Ordner noch einmal deine berichtigte Datei **Der Ausflug 2** auf.

▶ Lies den Text noch einmal sehr aufmerksam durch. Bist du sicher, dass alle Fehler korrigiert sind? Schau ganz genau hin!

▶ Zwei Wörter sind immer noch falsch. Markiere sie mit der Schaltfläche **Hervorheben**, die wie ein Textmarker funktioniert.

▶ Das geht so:

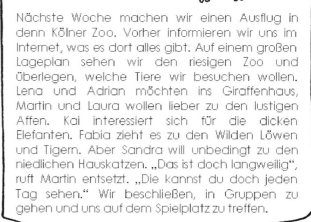

Der Ausflug

Nächste Woche machen wir einen Ausflug in denn Kölner Zoo. Vorher informieren wir uns im Internet, was es dort alles gibt. Auf einem großen Lageplan sehen wir den riesigen Zoo und überlegen, welche Tiere wir besuchen wollen. Lena und Adrian möchten ins Giraffenhaus, Martin und Laura wollen lieber zu den lustigen Affen. Kai interessiert sich für die dicken Elefanten. Fabia zieht es zu den Wilden Löwen und Tigern. Aber Sandra will unbedingt zu den niedlichen Hauskatzen. „Das ist doch langweilig", ruft Martin entsetzt. „Die kannst du doch jeden Tag sehen." Wir beschließen, in Gruppen zu gehen und uns auf dem Spielplatz zu treffen.

1 ▶ Wähle in der Formatleiste die Schaltfläche **Hervorheben**.

2 ▶ Dein Mauszeiger wird zum **Textmarker**:

3 ▶ Setze den Stift vor das Wort, das du hervorheben möchtest und fahre mit gedrückter linker Maustaste darüber. Das Wort **Woche** dient hier nur als Beispiel.

4 ▶ Wenn du alle Fehler markiert hast, schaltest du die Funktion **Hervorheben** wieder aus. Klicke dazu wieder auf die Schaltfläche.

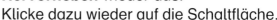

Du hast dich vertan? Kein Problem – klicke einfach auf das Symbol:

Damit machst du deinen letzten Schritt rückgängig.

▶ Vergleiche die markierten Wörter mit einem Partner.

▶ Berichtige sie danach über die Tastatur und speichere deine Arbeit.

▶ Notiere die beiden Wörter hier:

_____   _____

▶ Überlegt gemeinsam, warum der Computer diese beiden Wörter nicht bemerkt hat.

▶ Da der Computer eine Maschine ist, kann er nicht denken und manche Fehler nicht finden.

So ein Zirkus (Teil 1)

So ein Zirkus

Beim Schulfest wollen wir eine Zirkusvorstellung geben. Bis es endlich so weit ist, sind noch viele Vorbereitungen nötig. Wir müssen Kostüme nähen, Plakate malen, Kulissen basteln, das Programm schreiben und Einladungen verschicken. Jeden Tag üben wir die Kunststücke, die wir vorspielen wollen.

Martin ist der Zauberer und verwandelt eine Papierblume in eine Stoffmaus. Lena und Laura machen Purzelbäume. Alina ist der Tanzbär, aber sie hat aus Versehen das Affenkostüm angezogen. Die Kinder lachen laut und sie dreht sich verlegen um. Kai tröstet: „Das kann doch vorkommen. Wenn das Schulfest vorbei ist, passiert dir das bestimmt nicht mehr."

▸ Lies den Text einem Partner vor.

▸ Zauberer Martin hat die Wörter rechts halb weggezaubert. Kannst du sie trotzdem lesen? Alle diese Nomen findest du auch im Text oben. Schreibe sie auf die Linien.

Zirkusvorstellung
Vorbereitung
Papierblume
Affenkostüm
Schulfest
Programm
Einladung
Zauberer
Stoffmaus
Tanzbär
Versehen
Kind
Tag
Plakat

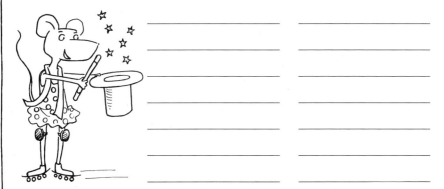

_____ _____

_____ _____

_____ _____

_____ _____

_____ _____

_____ _____

▸ Dieses Mal hat Martin alle Mitlaute (Konsonanten) unsichtbar gemacht. Findest du die sechs Verben? Auch hier hilft dir der Text.

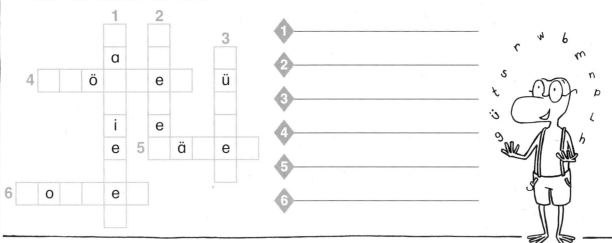

1 _____
2 _____
3 _____
4 _____
5 _____
6 _____

So ein Zirkus (Teil 2)

▶ Öffne in deinem Ordner
die Datei **So ein Zirkus**.

▶ Wenn du den Text noch einmal
aufmerksam durchliest, findest du
einige Wörter mit der Vorsilbe **Vor / vor**.

▶ Diese Wörter sollst du jetzt wie mit
einem Textmarker **rot** hervorheben.

▶ Und so geht es:

So ein Zirkus

Beim Schulfest wollen wir eine Zirkusvorstellung geben. Bis
es endlich so weit ist, sind noch viele Vorbereitungen
nötig. Wir müssen Kostüme nähen, Plakate malen, Kulissen
basteln, das Programm schreiben und Einladungen
verschicken. Jeden Tag üben wir die Kunststücke, die wir
vorspielen wollen.
Martin ist der Zauberer und verwandelt eine Papierblume
in eine Stoffmaus. Lena und Laura machen Purzelbäume.
Alina ist der Tanzbär, aber sie hat aus Versehen das
Affenkostüm angezogen. Die Kinder lachen laut und sie
dreht sich verlegen um. Kai tröstet: „Das kann doch
vorkommen. Wenn das Schulfest vorbei ist, passiert dir das
bestimmt nicht mehr."

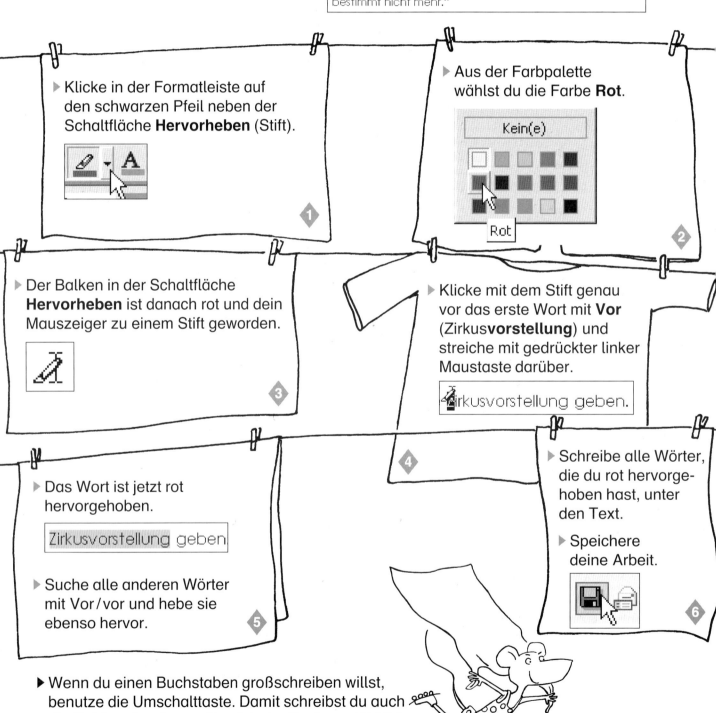

▶ Klicke in der Formatleiste auf
den schwarzen Pfeil neben der
Schaltfläche **Hervorheben** (Stift).

1

▶ Aus der Farbpalette
wählst du die Farbe **Rot**.

Kein(e)

Rot

2

▶ Der Balken in der Schaltfläche
Hervorheben ist danach rot und dein
Mauszeiger zu einem Stift geworden.

3

▶ Klicke mit dem Stift genau
vor das erste Wort mit **Vor**
(Zirkus**vorstellung**) und
streiche mit gedrückter linker
Maustaste darüber.

Zirkusvorstellung geben.

4

▶ Das Wort ist jetzt rot
hervorgehoben.

Zirkusvorstellung geben

▶ Suche alle anderen Wörter
mit Vor / vor und hebe sie
ebenso hervor.

5

▶ Schreibe alle Wörter,
die du rot hervorge-
hoben hast, unter
den Text.

▶ Speichere
deine Arbeit.

6

▶ Wenn du einen Buchstaben großschreiben willst,
benutze die Umschalttaste. Damit schreibst du auch
die Zeichen im oberen Bereich der Tasten.

⇧

So ein Zirkus (Teil 3)

So ein Zirkus

Beim Schulfest wollen wir eine Zirkusvorstellung geben. Bis es endlich so weit ist, sind noch viele Vorbereitungen nötig. Wir müssen Kostüme nähen, Plakate malen, Kulissen basteln, das Programm schreiben und Einladungen verschicken. Jeden Tag üben wir die Kunststücke, die wir vorspielen wollen.
Martin ist der Zauberer und verwandelt eine Papierblume in eine Stoffmaus. Lena und Laura machen Purzelbäume. Alina ist der Tanzbär, aber sie hat aus Versehen das Affenkostüm angezogen. Die Kinder lachen laut und sie dreht sich verlegen um. Kai tröstet: „Das kann doch vorkommen. Wenn das Schulfest vorbei ist, passiert dir das bestimmt nicht mehr."

▸ Öffne in deinem Ordner die Datei **So ein Zirkus**.

▸ Wenn du den Text noch einmal aufmerksam durchliest, findest du auch Wörter mit der Vorsilbe **Ver / ver**.

▸ Diese Wörter sollst du jetzt **blau** hervorheben.

▸ Und so geht es:

3 Der Balken in der Schaltfläche **Hervorheben** ist danach blau und dein Mauszeiger wieder zu einem Stift geworden.

4 Klicke mit dem Stift genau vor das erste Wort mit **ver** (verschicken) und streiche mit gedrückter linker Maustaste darüber.

5 Das Wort ist jetzt blau hervorgehoben.

2 Wähle aus der Farbpalette jetzt die Farbe **Blau**.

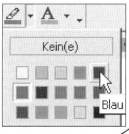

6 Suche alle anderen Wörter mit Ver / ver und hebe sie ebenso hervor.

1 Klicke in der Formatleiste wieder auf den schwarzen Pfeil neben der Schaltfläche **Hervorheben** (Stift).

7 Speichere deine Arbeit.

▸ Schreibe jetzt auch alle Wörter, die du blau hervorgehoben hast, unter den Text.

So ein Zirkus (Teil 4)

Vor-

-bereitung	-stellung
-hersage	-spiel
-gabe	-hang
-lauf	-sicht

vor-

-bereiten	-stellen
-hersagen	-spielen
-geben	-hängen
-laufen	-sehen

▶ Bilde acht Nomen und acht Verben mit der Vorsilbe
Vor/vor und schreibe sie unten in die Tabelle.

Vor-		vor-	
die Vorbereitung		vorbereiten	

▶ Bilde ebenso acht Nomen und acht Verben mit der Vorsilbe
Ver/ver und schreibe sie unter den Blumen in die Tabelle.

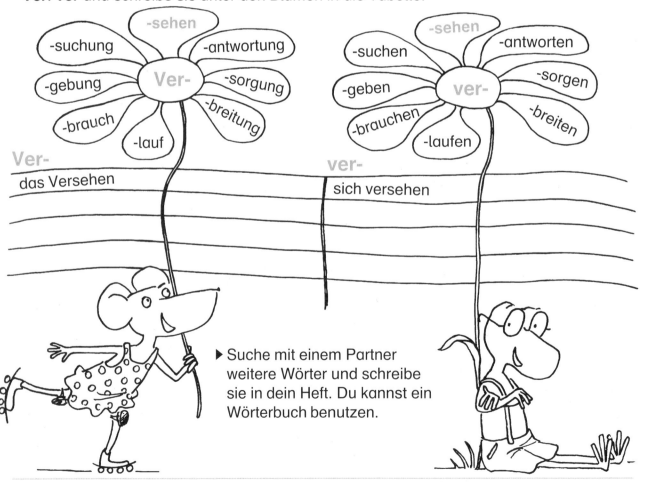

-sehen
-suchung
-antwortung
-gebung
Ver-
-sorgung
-brauch
-breitung
-lauf

-sehen
-suchen
-antworten
-geben
ver-
-sorgen
-brauchen
-breiten
-laufen

Ver-

das Versehen

ver-

sich versehen

▶ Suche mit einem Partner
weitere Wörter und schreibe
sie in dein Heft. Du kannst ein
Wörterbuch benutzen.

© Mildenberger Verlag GmbH · Lernen am PC · Heft 1: Rechtschreiben mit Word · KV Seite 14

Der Zaubergarten (Teil 1)

Der Zaubergarten

Durch meinen Zaubergarten klingt wie von Engeln gesungen eine wunderbare Melodie. Tausend rote und gelbe Rosen ranken um den Zaun. Meine Schritte versinken in weichem Moos auf dem Gang zu der gepolsterten Bank, über der mir ein schwingendes Blätterdach Schatten bringt. Die Bäume hängen voll blauer Orangen und lila Zitronen mit langen Stielen und der Milchbrunnen schenkt mir einen köstlichen Trunk. Aus einem Krug mit goldenem Henkel lösche ich meinen Durst, und von silbrig blinkenden Tellern stille ich meinen Hunger.

Manchmal aber denke ich, mein wunderbarer Zaubergarten sei nur ein Traum, den ich dem Irrlicht versinkender Sterne verdanke.

▶ Lies den Text aufmerksam durch.

▶ Beantworte die folgenden Fragen.
Schau dazu genau im Text nach und schreibe ganze Sätze.

▸ Was klingt durch meinen Zaubergarten?

Durch meinen Zaubergarten …

_____

▸ Welche Blumen ranken um den Zaun?

_____

▸ Was hängt an den Bäumen?

_____

_____

▸ Wer schenkt mir einen köstlichen Trunk?

_____

▸ Woraus lösche ich meinen Durst und woraus stille ich meinen Hunger?

_____

_____

_____

▸ Was denke ich manchmal?

_____

_____

_____

▶ Male den Zaubergarten.
Du kannst dazu die Rückseite benutzen.

Der Zaubergarten (Teil 2)

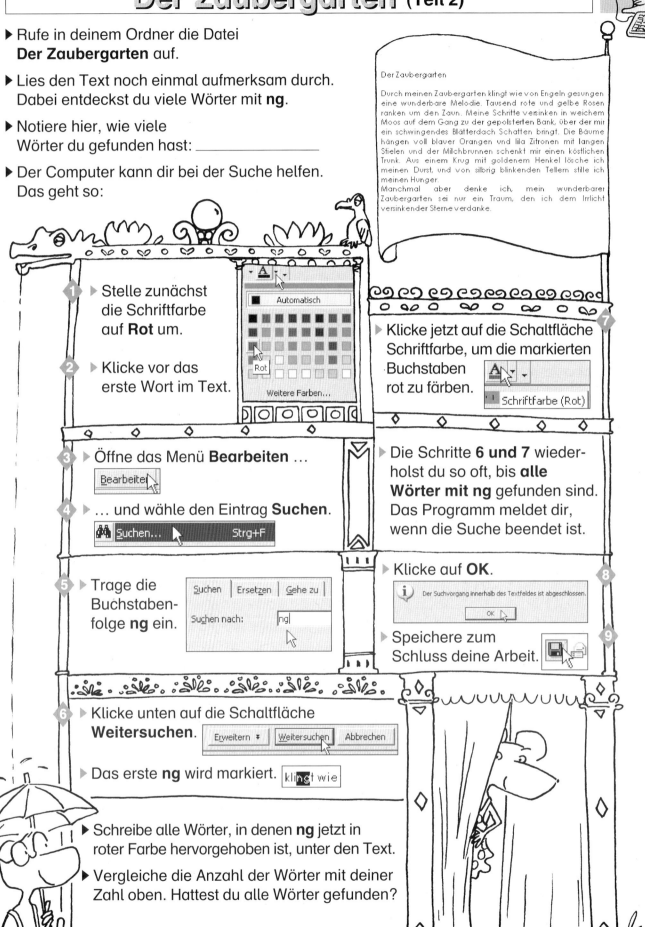

▸ Rufe in deinem Ordner die Datei
Der Zaubergarten auf.

▸ Lies den Text noch einmal aufmerksam durch.
Dabei entdeckst du viele Wörter mit **ng**.

▸ Notiere hier, wie viele
Wörter du gefunden hast: _____

▸ Der Computer kann dir bei der Suche helfen.
Das geht so:

Der Zaubergarten

Durch meinen Zaubergarten klingt wie von Engeln gesungen eine wunderbare Melodie. Tausend rote und gelbe Rosen ranken um den Zaun. Meine Schritte versinken in weichem Moos auf dem Gang zu der gepolsterten Bank, über der mir ein schwingendes Blätterdach Schatten bringt. Die Bäume hängen voll blauer Orangen und lila Zitronen mit langen Stielen und der Milchbrunnen schenkt mir einen köstlichen Trunk. Aus einem Krug mit goldenem Henkel lösche ich meinen Durst, und von silbrig blinkenden Tellern stille ich meinen Hunger.
Manchmal aber denke ich, mein wunderbarer Zaubergarten sei nur ein Traum, den ich dem Irrlicht versinkender Sterne verdanke.

1 ▸ Stelle zunächst die Schriftfarbe auf **Rot** um.

2 ▸ Klicke vor das erste Wort im Text.

Automatisch

Rot

Weitere Farben…

7 ▸ Klicke jetzt auf die Schaltfläche Schriftfarbe, um die markierten Buchstaben rot zu färben.

Schriftfarbe (Rot)

3 ▸ Öffne das Menü **Bearbeiten** …

Bearbeiten

4 ▸ … und wähle den Eintrag **Suchen**.

Suchen…   Strg+F

▸ Die Schritte **6 und 7** wiederholst du so oft, bis **alle Wörter mit ng** gefunden sind. Das Programm meldet dir, wenn die Suche beendet ist.

5 ▸ Trage die Buchstabenfolge **ng** ein.

Suchen | Ersetzen | Gehe zu

Suchen nach: ng

8 ▸ Klicke auf **OK**.

Der Suchvorgang innerhalb des Textfeldes ist abgeschlossen.

OK

9 ▸ Speichere zum Schluss deine Arbeit.

6 ▸ Klicke unten auf die Schaltfläche **Weitersuchen**.

Erweitern ▾ | Weitersuchen | Abbrechen

▸ Das erste **ng** wird markiert.   klingt wie

▸ Schreibe alle Wörter, in denen **ng** jetzt in roter Farbe hervorgehoben ist, unter den Text.

▸ Vergleiche die Anzahl der Wörter mit deiner Zahl oben. Hattest du alle Wörter gefunden?

▸ Vergleiche auch mit einem Partner.

© Mildenberger Verlag GmbH · Lernen am PC · Heft 1: Rechtschreiben mit Word · KV Seite 16

Der Zaubergarten (Teil 3)

▸ Rufe in deinem Ordner die Datei **Der Zaubergarten** auf.

▸ Lies den Text noch einmal aufmerksam durch.
Dabei entdeckst du viele Wörter mit **nk**.

▸ Notiere hier, wie viele
Wörter du gefunden hast: _____

▸ Auch hier kann dir der Computer
bei der Suche helfen. Das geht so:

Der Zaubergarten

Durch meinen Zaubergarten klingt wie von Engeln gesungen eine wunderbare Melodie. Tausend rote und gelbe Rosen ranken um den Zaun. Meine Schritte versinken in weichem Moos auf dem Gang zu der gepolsterten Bank, über der mir ein schwingendes Blätterdach Schatten bringt. Die Bäume hängen voll blauer Orangen und lila Zitronen mit langen Stielen und der Milchbrunnen schenkt mir einen köstlichen Trunk. Aus einem Krug mit goldenem Henkel lösche ich meinen Durst, und von silbrig blinkenden Tellern stille ich meinen Hunger.

Manchmal aber denke ich, mein wunderbarer Zaubergarten sei nur ein Traum, den ich dem Irrlicht versinkender Sterne verdanke.

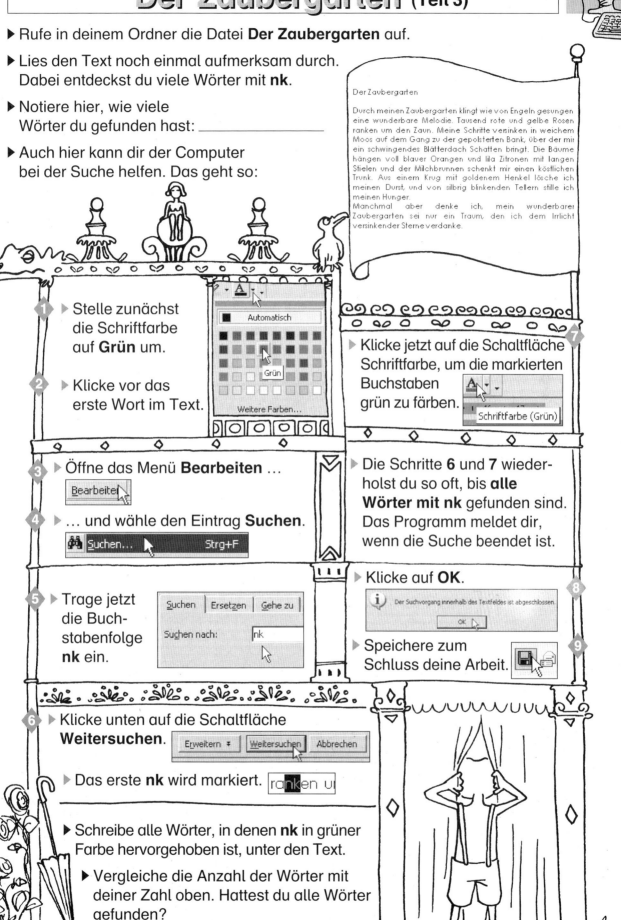

1 ▸ Stelle zunächst die Schriftfarbe auf **Grün** um.

Automatisch

Grün

Weitere Farben...

2 ▸ Klicke vor das erste Wort im Text.

3 ▸ Öffne das Menü **Bearbeiten** …

Bearbeiten

4 ▸ … und wähle den Eintrag **Suchen**.

Suchen...   Strg+F

5 ▸ Trage jetzt die Buchstabenfolge **nk** ein.

Suchen | Ersetzen | Gehe zu

Suchen nach: nk

6 ▸ Klicke unten auf die Schaltfläche **Weitersuchen**.

Erweitern ≠ | Weitersuchen | Abbrechen

▸ Das erste **nk** wird markiert.   ranken u

7 ▸ Klicke jetzt auf die Schaltfläche Schriftfarbe, um die markierten Buchstaben grün zu färben.

Schriftfarbe (Grün)

▸ Die Schritte **6** und **7** wiederholst du so oft, bis **alle Wörter mit nk** gefunden sind. Das Programm meldet dir, wenn die Suche beendet ist.

▸ Klicke auf **OK**.

Der Suchvorgang innerhalb des Textfeldes ist abgeschlossen.

OK

8

9 ▸ Speichere zum Schluss deine Arbeit.

▸ Schreibe alle Wörter, in denen **nk** in grüner Farbe hervorgehoben ist, unter den Text.

▸ Vergleiche die Anzahl der Wörter mit deiner Zahl oben. Hattest du alle Wörter gefunden?

▸ Vergleiche auch mit einem Partner.

Der Zaubergarten (Teil 4)

▸ Kannst du reimen? ▸ Umkreise immer **ng**.

hängen
dr_____

Gang
R_____
Ges_____
Dr_____
F_____

Klänge
Gedr_____
F_____

Engel
B_____

kli(ng)en
s_____
br_____
spr_____
schw_____

Zangen
St_____
b_____

Junge
L_____

▸ Schreibe die Verben (Tuwörter) so auf:

klingen – er klingt _____ _____

singen – er … _____ _____

_____ _____

_____ _____

▸ Auch hier sollst du reimen. ▸ Umkreise immer **nk**.

danken
t_____
r_____

bli(nk)en
s_____
st_____
h_____
tr_____

denken
l_____
sch_____
s_____

Bank
Schr_____
T_____
bl_____
kr_____

Henkel
Sch_____
S_____

Schenkung
S_____
L_____

Ranke
Pr_____

▸ Schreibe die Verben (Tuwörter) so auf:

blinken – er blinkt _____ _____

sinken – er … _____ _____

▸ Benutze zum Schreiben der restlichen Verben die Rückseite.

ng oder nk?

Er ba_____t um sein Leben. Probleme soll man nicht auf die la_____e

Ba_____ schieben. Der Königssohn sche_____t der Prinzessin einen

goldenen Ri_____. Der Mensch de_____t, Gott le_____t. Fabia tri_____t

Hustensaft, weil sie kra_____ ist. Vom Himmel kli_____t der E_____el Chor.

Geburtstag (Teil 1)

▸ Öffne in deinem Ordner die Datei **Geburtstag**.

▸ Lies den Text aufmerksam durch und unterstreiche alle schwierigen Wörter.

▸ Das geht so:

Geburtstag
Ilona hat heute Geburtstag. Sie w... zehn Jahre alt. Am Nachmittag feiert sie mit ihren Freundinnen im Garten. Mutter hat einen riesigen Geburtstagskuchen gebacken und Ilona muss vor dem Essen die Kerzen ausblasen.
Danach machen die Mädchen lustige Spiele. Sie veranstalten ein Wettrennen und eine Modenschau mit alten Sachen vom Dachboden. Lena zieht einen langen Rock an und eine weiße Spitzenbluse. Alina wählt feuerrote Jeans und einen gelben Pullover. Fabia wackelt auf Mutters alten Stöckelschuhen durch das Blumenbeet. Laura dreht sich dicke Lockenwickler in die Haare und sieht aus wie ein Igel.
Alle lachen, und zur Erinnerung fotografiert Vater die ganze Gesellschaft.

▸ Setze den Mauszeiger in das erste schwierige Wort und klicke doppelt mit der linken Maustaste.

Geburtstag ❶

▸ Anschließend ist das Wort schwarz hinterlegt (markiert).

Geburtstag

▸ Wähle nun die Schaltfläche **Unterstrichen**.

U Unterstrichen ❷

Achtung!
Vergiss nicht deine Arbeit zu speichern!

▸ Das markierte Wort ist jetzt unterstrichen.

Geburtstag

❸ ▸ Wiederhole die beiden ersten Schritte, bis du alle schwierigen Wörter unterstrichen hast.

⇧

▸ Wenn du einen Buchstaben großschreiben willst, benutze die Umschalttaste. Damit schreibst du auch die Zeichen im oberen Bereich der Tasten.

▸ Wie viele schwierige Wörter hast du gefunden? _____

▸ Schreibe sie unter dem Text noch einmal auf.

Geburtstag (Teil 2)

▸ Öffne in deinem Ordner noch einmal die Datei **Geburtstag**.

▸ Schau dir die schwierigen Wörter, die du unter den Text geschrieben hast, genau an und unterstreiche jeweils **die schwierigen Stellen**.

▸ Das geht so:

> Geburtstag
> Ilona hat heute Geburtstag. Sie wird zehn Jahre alt. Am Nachmittag feiert sie mit ihren Freundinnen im Garten. Mutter hat einen riesigen Geburtstagskuchen gebacken und Ilona muss vor dem Essen die Kerzen ausblasen. Danach machen die Mädchen lustige Spiele. Sie veranstalten ein Wettrennen und eine Modenschau mit alten Sachen vom Dachboden. Lena zieht einen langen Rock an und eine weiße Spitzenbluse. Alina wählt feuerrote Jeans und einen gelben Pullover. Fabia wackelt auf Mutters alten Stöckelschuhen durch das Blumenbeet. Laura dreht sich dicke Lockenwickler in die Haare und sieht aus wie ein Igel. Alle lachen, und zur Erinnerung fotografiert Vater die ganze Gesellschaft.

Geburtstag, heute, zehn, Jahre, Nachmittag, ihren, Freundinnen

1 ▸ Klicke genau vor die schwierige Stelle im Wort. Bei dem Wort Geburtstag also vor das **t**.

2 ▸ Ziehe den Cursor (Mauszeiger) mit gedrückter linker Maustaste über die schwierigen Buchstaben: hier **ts**.

Die Buchstaben werden dabei markiert.

3 ▸ Wähle in der Formatleiste die Schaltfläche **Unterstrichen**.

4 ▸ Schau dir dein nächstes Wort an und verfahre genau so, bis du alle schwierigen Stellen unterstrichen hast.

Geburtstag,

▸ Die schwierige Stelle im Wort ist anschließend unterstrichen.

▸ Es kann auch vorkommen, dass du in einem Wort zweimal unterstreichen musst oder auch nur einen Buchstaben.

5 ▸ Speichere deine Arbeit.

 **6** ▸ Drucke die Datei aus.

▸ Vergleiche deine Arbeit mit einem Partner.

▸ Diktiert euch die schwierigen Wörter gegenseitig.